香草・ハーブレシピ
ワタナベマキ

はじめに

さわやかな香り、
甘い香り、
苦味のある香り、
香草・ハーブにはさまざまな表情があります。

日本独自の香草、
世界各国の独特な香草、
どれもその料理には欠かせない重要な存在です。

私自身が料理を作るときも、香草、ハーブは必需品。

シンプルな料理に少し加えるだけで、
口のなかでおいしさが何十倍にも広がるのがわかります。

他の素材と合わせて、おいしく調理することで、
香草・ハーブを活かした新たな料理を楽しめるようになります。

昨今ではめずらしい素材も少しずつ手に入りやすくなりましたが、
使い方がわからない、
使いきれず余らせてしまうなど、
なかなか新しい味を手にとる勇気がない方もいるかもしれません。

でもこの本を手にとってくださった方は、
きっと香草・ハーブが大好きだったり、
興味があったり……。

私が大好きなベストな組み合わせの料理をたくさん載せたこの本で、
いろいろな香草・ハーブの料理を味わっていただけたらうれしく思います。

contens

はじめに 02
香草・ハーブ図鑑 06

〈1章〉
あえもの・サラダ・マリネ 09

トマトとフェンネルのマリネ 10
紫キャベツとイタリアンパセリの
　　コールスロー 12
あじとトレビスの山椒マリネ 14
いちじくとライム、ディルのサラダ 17
チーズのハーブマリネ 18
鶏肉とれんこんのディル風味 19
ひじきと香菜、細ねぎのサラダ 22
みつばとみょうがのごまひじきサラダ 24
切り干し大根と香菜のマリネ 26
クレソンとキャベツのコールスロー 28
香草やっこ 29
たいとほたてのタルタル 30
クレソンのタブレ 32

〈2章〉
焼きもの・炒めもの 37

九条ねぎの卵焼き 38
豚肉のソテー　刻み香草のせ 40
香菜と長ねぎの台湾風卵焼き 42
ラムと香菜の餃子 44
ディルのオムレツ 46
豚肉とバジルの甘みそ炒め 48
春菊の豆豉炒め 50

〈3章〉
煮こみ・煮もの・鍋料理 53

塩豚の煮こみ　クレソン添え 54
鶏肉とディルのフリカッセ 56
香菜とバジルの牛しゃぶ鍋 59
塩豚の花椒鍋 60
セロリの水餃子 61
豚バラ肉と万願寺唐辛子の山椒煮 66

〈4章〉
蒸し煮・蒸しもの 69

香菜のオイル蒸し 70
ザーサイとクレソンの蒸し煮 72
蒸し里いものミント風味 74
ビーツとかぶの山椒バター添え 76
レモングラスとあさりの白ワイン蒸し 78

〈5章〉
揚げもの　81

セロリとえびの揚げ春巻き　82
ミントとラムの揚げだんご　84
バジル風味のさつま揚げ　86
パセリ風味のビーフカツレツ　88
フェンネルの芯と香菜の根っこの素揚げ　90
揚げじゃがいもの香草添え　92

〈6章〉
ごはん・麺　95

えびと香草のフライドライス　96
クレソンとナッツの混ぜごはん　98
香菜とすだちのおかゆ　101
香草とカリカリ豚ののっけごはん　102
かぶの葉の梅むすび　103
えごまと牛肉のあえ麺　108
フェンネルとさばのパスタ　110
にらたっぷりの黒酢えび麺　112
豚肉と香菜のナンプラー麺　114

おわりに　116
索引　118

column

[香草の保存法1]
そのまま冷蔵庫で保存する　36

[香草の保存法2]
香草バターにする　52

[香草の保存法3]
香草ペーストを作る　68

[香草の保存法4]
乾燥させてドライハーブに　80

[香草の保存法5]
オイル漬けにする　94

香草・ハーブ図鑑

青じそ

日本人にとってなじみのある和の香草のひとつ。清涼感のある香りを持ち、β-カロテン、ビタミンCなど栄養が豊富。香り成分ペリルアルデヒドには抗菌作用がある。

イタリアンパセリ

つけ合わせとしておなじみのパセリの平葉種で、パセリに比べて苦みは少なく、口当たりもやわらか。β-カロテン、ビタミンCのほか、鉄やカルシウムも含む。

えごま

青じその仲間で、もとは種から油をとるために栽培されていたが、近年、葉も個性的な香りが人気に。初夏から夏が旬。抗酸化作用の強いビタミンC、E、β-カロテンを含む。

かぶの葉

主に根の部分を食べる野菜だが、葉も独特の香りを持ち、シャキッとした歯ざわりとほろ苦さが料理のアクセントに。根よりもβ-カロテン、カルシウムなどの栄養が豊富。

九条ねぎ

京都特産の九条ねぎ。緑の葉の部分が多く、そのぶん、白い部分を主に食べる長ねぎよりも抗酸化作用の強いβ-カロテンを多く含む。葉ねぎ、青ねぎとも。

クレソン

別名オランダガラシ。ピリッとした辛みはわさびなどと同じアリルイソチオシアネートで、脂質の消化を促進するため、肉料理のつけ合わせなどによく使われる。

山椒の葉

山椒の葉は木の芽とも呼ばれ、料理の彩りによく使われる。手の上で軽くたたいてから使うとより香りが立つ。さわやかな香りの成分、ゲラニオールが消化を促進。

山椒の実
山椒の未熟果で、水煮のものが使いやすくおすすめ。清涼感のある香りで煮ものやごはんものなどによく使われる。殺菌効果があり、食中毒予防にも。

香菜
強烈な香りが人気の香菜。パクチー、コリアンダーとも呼ばれ、アジア料理によく使われるせり科の香草。体を温め胃腸の働きを活発に。デトックス効果も期待大。

春菊
鍋料理など日本でもおなじみの春菊は、香り成分のひとつ、ペリルアルデヒドが胃腸の働きを活発に。抗酸化作用を持つクロロフィルを含み、免疫力のアップにも。

スペアミント
メントールのさわやかな香りでハーブティーやデザートの香りづけによく使われる。ペパーミントよりも香味はおだやか。消化促進、口臭予防などの効果も。

セージ
サルビアの仲間、セージは強い香りで肉や魚の臭み消しによく使われるハーブ。古くから薬草としても利用され、消化促進、血流改善など健康効果が高い。

セロリ
ヨーロッパでは薬用植物として利用されてきたセロリ。カリウム豊富でむくみを解消するほか、香り成分のピラジン、アピインに鎮静作用も。

タイム
ブーケガルニなどでもおなじみ。すぐれた殺菌効果があり、食中毒やカゼの予防に。さわやかな香味は加熱に強く、煮込みやオーブン焼きなどにも向く。

ディル
清涼感のあるさわやかな香りが魚との相性抜群、マリネやサラダなどによく使われる。解毒、利尿効果があり、デトックス効果が期待できる。

にら
スタミナ野菜として知られるにら。豊富な硫化アリルが糖質をすみやかにエネルギーに変えるビタミンB_1をパワーアップ。β-カロテンやビタミンCもたっぷり。

バジル

イタリア料理には欠かせない、スパイシーでほんのりと甘い香りのバジル。香り成分のリナロール、オイゲノールには緊張やストレスをやわらげる効果あり。

フェンネル

株元(根)が大きいのはフローレンスフェンネルという品種。個性的な香りに含まれるアネトールはせき止め薬としても使われる成分。種子もスパイスとして使われる。

ペパーミント

ペパーミントはスペアミントに比べてメントールを多く含み、よりキリッとした香り。体の熱を冷まし、気分をリフレッシュ。食欲増進効果も。

細ねぎ

別名万能ねぎ。やわらかで香味もおだやか、薬味などに欠かせない青ねぎのひとつ。抗菌作用や抗酸化作用の強い硫化アリル、β-カロテンを豊富に含む。

みつば

日本原産の香草。香味の強い根みつば、やわらかな切りみつば、ハリのある茎の糸みつばがある。すっとした香り成分に、食欲を高め、胃もたれを防ぐ働きがある。

みょうが

すっとする香りと、しゃきっとした歯ざわりが特徴。香り成分α-ピネンは胃液の分泌を促し、消化を促進。赤紫の色素成分はアントシアニン。強い抗酸化作用を持つ。

ルッコラ

かむとごまのような香りがするのがルッコラ。カリウム、ビタミンC、Eが豊富でアンチエイジングにも。軽い辛みは、血流を改善するイソチオシアネートという成分。

レモングラス

レモンに似たさわやかな香りを持ち、タイ料理などによく使われる。気持ちをリフレッシュさせるほか、胃腸の働きを整える効果も。

ローズマリー

抗酸化作用が強く「若返りの香草」と言われるローズマリー。脳の働きを活性化し、集中力のアップにも。血流を促す効果もあり、手足の冷えに悩んでいる人にも。

〈1章〉
あえもの
サラダ
マリネ

香草をフレッシュなまま、
野菜のようにたっぷりと使います。
いつものサラダやマリネもぐっと香りよく、
すっきりとした味わいに。
香草独特のほろ苦さやほのかな甘みも楽しめます。

さわやかな香りのフェンネル。ほろ苦い花の部分も合わせて、
シンプルなトマトマリネのアクセントに。

トマトとフェンネルのマリネ

材料（2人分）

ミディトマト　4個
フェンネル　3本
A ┌ にんにく（みじん切り）　1片
　└ ナンプラー、レモン汁　各大さじ1
オリーブオイル　大さじ1

つくり方

1　トマトは1.5cm厚さの輪切りにする。

2　フェンネルは2〜3cm長さに刻み、Aと合わせる。

3　1、2をあえて味をなじませ、器に盛り、オリーブオイルをかける。

レモンの酸で鮮やかさを増した紫キャベツはテーブルを華やかに。
イタリアンパセリの軽い苦みが味をキリッと引き締めます。

紫キャベツとイタリアンパセリのコールスロー

材料（2人分）

紫キャベツ　1/2個
イタリアンパセリ　3本
フェンネルシード　大さじ1
塩　小さじ1/2
おろしにんにく　1/2片分
レモン　1個
オリーブオイル　大さじ2

つくり方

1. 紫キャベツはせん切りにして塩をふり、しんなりするまでもみ、水けをかたくしぼる。イタリアンパセリは粗く刻む。

2. フライパンを熱してフェンネルシードを2分ほどからいりし、紫キャベツと合わせる。

3. にんにく、レモンのしぼり汁、イタリアンパセリを加えてあえ、器に盛り、オリーブオイルをかける。

和素材の山椒の実も、オリーブオイルと好相性。
できたてでも、しっかり味がなじんでからでもおいしい。

あじとトレビスの山椒マリネ

材料（2人分）

あじ（刺身用・三枚おろし） 2尾分
トレビス 4枚
A ┃ 山椒の実（水煮） 大さじ1
　 ┃ しょうが（みじん切り） 1かけ
　 ┃ ナンプラー 小さじ2
　 ┃ すだちのしぼり汁 2個分
　 ┃ 白いりごま 小さじ2
オリーブオイル 大さじ2
粗びき黒こしょう 少々

つくり方

1　あじは、骨を除いて皮をむき、3cm幅のそぎ切りにする。トレビスは食べやすくちぎる。

2　Aを合わせてあじとあえ、トレビス、オリーブオイルを加えてあえる。器に盛り、黒こしょうをふる。

いちじくとライム、ディルのサラダ
recipe → p.20

チーズのハーブマリネ
recipe → p. 20

鶏肉とれんこんのディル風味
recipe → p.21

フレッシュなフルーツに、ディルの清涼感のある香りがよく合います。
キリッと冷やした白ワインと一緒にどうぞ。

いちじくとライム、ディルのサラダ

材料(2人分)

いちじく　3個

ライム　1個

ディル　3本

ライムのしぼり汁　大さじ1

塩　小さじ1/4

オリーブオイル　大さじ2

粗びき黒こしょう　少々

つくり方

1　いちじくは1cm幅の輪切りにする。ライムは薄い輪切りにする。ディルは粗く刻む。

2　いちじく、ライムを器に盛り、ライムのしぼり汁、ディル、塩をふる。オリーブオイルをかけ、黒こしょうをふる。

濃厚なチーズに、すっきりとした香りのトッピング。ワインが進みます。
ウォッシュタイプのチーズに合わせてもおいしい。

チーズのハーブマリネ

材料(作りやすい分量)

カマンベールチーズ　1個

ディル　3本

イタリアンパセリ　2本

フェンネル　1本

バジル　5枚

A ┌ レモン汁、オリーブオイル
　　　　　　　　各大さじ1
　└ 塩　小さじ1/4

ピンクペッパー　18〜20粒

つくり方

1　ディル、イタリアンパセリ、フェンネル、バジルは茎のかたい部分を除き、合わせて包丁でみじん切りにする。Aを加えてよく混ぜる。

2　チーズは厚みを半分に切って器に盛り、1を乗せ、オリーブオイル(分量外)をたっぷりとかける。ピンクペッパーを添える。

鶏肉は軽く押さえつけるように焼いて、皮をカリッと香ばしく。
たっぷりのディルをからめて、ホットサラダ風のひと皿に。

鶏肉とれんこんのディル風味

材料(2人分)

鶏もも肉　大1枚(300g)

れんこん　1節(150g)

ディル　6本

薄力粉　大さじ2

塩、こしょう　各少々

にんにく(みじん切り)　1片

白ワイン　大さじ2

A ┌ 白ワインビネガー　大さじ2
　│ 塩　小さじ1/4
　└ 粗びき黒こしょう　少々

オリーブオイル　大さじ1

つくり方

1. 鶏肉は常温に戻し、皮に薄力粉を薄くまぶし、塩、こしょうをふる。れんこんは7〜8mm幅の輪切りにし、水にさらす。ディルは半分に切る。

2. フライパンにオリーブオイル小さじ1とにんにくを入れて中火で熱し、香りが立ったら鶏肉を皮目から入れて焼く。焼き色がついたら裏返して弱火にし、軽く押さえつけながら10分ほど焼く。

3. れんこん、白ワインを加え、ふたをして2分30秒ほど蒸し焼きにする。

4. 鶏肉を食べやすく切り、れんこん、ディル、A、残りのオリーブオイルを加えてあえる。

あえもの・サラダ・マリネ

個性の強い素材や調味料の組み合わせが、絶妙な味わいに。
ひじきはしっかりした食感と磯の香りが楽しめる長ひじきがおすすめ。

ひじきと香菜、細ねぎのサラダ

材料（2人分）

長ひじき　30g
香菜　8本
細ねぎ　5本
しょうが（せん切り）　1かけ
ごま油　大さじ1
A［ナンプラー、黒酢　各大さじ1
　　ゆずこしょう　小さじ1/3

つくり方

1　ひじきはたっぷりの水に8分ほどつけてもどし、酒大さじ1（分量外）を加えた湯で1分ほどゆで、しっかりと水けをきる。細ねぎ、香菜は食べやすい長さに切る。

2　ひじきにしょうが、Aを加えて混ぜ、香菜、細ねぎ、ごま油を加えてさっとあえる。

コクのある練りごまであえたひじきがドレッシング代わり。
たっぷりとすだちをしぼって、全体をよく混ぜてどうぞ。

みつばとみょうがのごまひじきサラダ

材料（2人分）

みつば　1束
みょうが　2個
芽ひじき　20g
A [白練りごま　大さじ2
　　ナンプラー、酢　各大さじ1
ごま油　大さじ1
すだち　2個

つくり方

1. ひじきはたっぷりの水に8分ほどつけてもどし、酒小さじ2（分量外）を加えた湯で1分ほどゆで、しっかりと水けをきる。みつばはざく切りにする。みょうがはせん切りにし、水に3分ほどさらしてから水けをしっかりときる。

2. ひじきにAを加えて混ぜ、ごま油を加えてあえる。

3. みょうがとみつばを合わせ、器に2と盛り合わせ、すだちをしぼる。

シャキシャキとした歯ざわりが心地よいサラダ感覚のひと皿。
ひとふりのパプリカが香ります。香菜やみつばでもおいしくできます。

切り干し大根と香菜のマリネ

材料（2人分）

切り干し大根（乾燥）　30g
香菜　8本
A ┌ しょうが（みじん切り）　1かけ
　├ ナンプラー　大さじ1と1/2
　└ 黒酢　大さじ1
ごま油　大さじ1と1/2
パプリカパウダー　少々

つくり方

1　切り干し大根はたっぷりの水に8分ほどつけてもどし、水けをしっかりとしぼって食べやすく切る。香菜はざく切りにする。

2　切り干し大根にAを加えて混ぜ、香菜、ごま油を加えてあえる。器に盛り、パプリカをふる。

シンプルな味つけでクレソンの香りが引き立ちます。
香ばしいアーモンドがアクセント。ルッコラ、紫キャベツを使っても。

クレソンとキャベツのコールスロー

材料（2人分）

クレソン　6本

キャベツ　1/2個

ローストアーモンド　7個

塩　小さじ1/2

レモン汁　大さじ1

オリーブオイル　大さじ1と1/2

つくり方

1. キャベツは7〜8mm幅にのせん切りにし、塩をふり、しんなりするまでもむ。水けをしっかりとしぼる。クレソンはざく切り、アーモンドは粗く刻む。

2. キャベツ、クレソンを合わせ、レモン汁、アーモンドを加えてあえる。器に盛り、オリーブオイルをかける。

にんにく、しょうがを効かせたたっぷりの香草トッピングが主役。
冷ややっこの印象ががらりと変わります。好みで木綿豆腐でも。

香草やっこ

材料（2人分）

豆腐（絹）　1丁
香菜　5本
イタリアンパセリ　4本
A ┌ にんにく（みじん切り）　1片
  │ しょうが（みじん切り）　1かけ
  │ レモン汁、オリーブオイル　大さじ2
  └ 塩　小さじ1/3
粗びき黒こしょう　少々

つくり方

1　香菜とイタリアンパセリは葉を摘み、みじん切りにする。

2　Aを合わせ、1を加えて混ぜる。

3　器に半分に切った豆腐を盛り、2を等分にかけ、黒こしょうをふる。

魚介と相性のいいディルやイタリアンパセリをたっぷりと添えて。
白身魚や貝柱はもちろん、青背の魚で作ってもおいしくできます。

たいとほたてのタルタル

材料（2人分）

- たい（刺身用）　1さく（150g）
- ほたて貝柱（刺身用）　8個
- イタリアンパセリ　5本
- ディル　5本
- A
  - ケッパー　大さじ1
  - 白ワインビネガー　大さじ1
  - ナンプラー　大さじ1/2
- B
  - おろしにんにく　1/2片分
  - レモン汁　大さじ1
  - ナンプラー　大さじ1/2
- オリーブオイル　大さじ2〜3
- 粗びき黒こしょう　少々

つくり方

1. たい、ほたては1.5cm角に切る。Aのケッパー、イタリアンパセリ、ディルは粗く刻む。

2. ほたてにAを加えてあえる。たいにBを加えてあえる。

3. それぞれ器に盛り、ほたてにはイタリアンパセリを添え、たいにはディルを添える。オリーブオイルを等分にかけ、たいには黒こしょうをふる。

タブレはクスクス入りのサラダ。小腹がすいたときにもおすすめです。
クレソンは茎が太ければ、細かく刻んで加えてください。

クレソンのタブレ

材料（2人分）

クレソン　3本

クスクス　1カップ

A ┌ 熱湯　1カップ
　├ オリーブオイル　大さじ1
　└ 塩　小さじ1/4

B ┌ 玉ねぎ（すりおろす）　1/4個
　├ アンチョビ（みじん切り）　4枚
　├ おろしにんにく　1片分
　├ オリーブオイル　大さじ2
　└ 白ワインビネガー　大さじ1

粗びき黒こしょう　少々

つくり方

1　ボウルにクスクスと**A**を入れて混ぜ、アルミホイルをかぶせて10分おく。

2　**B**を合わせて**1**に加えて混ぜる。

3　クレソンはざく切りにし、**2**に加えてさっとあえる。器に盛り、黒こしょうをふる。

あえもの・サラダ・マリネ

あえもの・サラダ・マリネ

column

香草の保存法1
そのまま冷蔵庫で保存する

　使いきれなかった香草は、2〜3日なら冷蔵保存がおすすめです。ディルやクレソン、香菜など、茎があるものは、切り口をぬらしたキッチンペーパーで包んで、保存容器に入れて冷蔵庫へ。そのとき、根は切り落としましょう。根つきのままだと傷みやすくなります。香菜は根も香りが強いので、ラップで包んで冷凍しておくと、臭み消しや香りづけに重宝します。

　青じそやバジル、ミントなど、葉だけのものは、サラダスピナーやキッチンペーパーでしっかりと水けをきって、ぬらしたペーパーに包んで保存容器などに入れ、冷蔵庫へ。水けがついたままだと、せっかくの香りが飛んでしまいます。

〈 2 章 〉

焼きもの
炒めもの

刻んで具に混ぜ込んだり、仕上げにのせたり。
ぜいたくにたっぷり使って、メイン食材と同様の存在感に。
個性的な香りと風味は、調味料代わりにもなってくれます。
香草は加熱しすぎると香りが飛びやすいので、
できるだけ短時間で仕上げましょう。

いつもの卵焼きに、やわらかで甘みのある九条ねぎをたっぷり。
具が多いぶん巻きにくいので、半分に折るのを繰り返せばOKです。

九条ねぎの卵焼き

材料（2人分）

九条ねぎ　4本
卵　4個
A ┌ だし汁　80ml
　 └ 砂糖、薄口しょうゆ　各小さじ1
ごま油　適量
白いりごま　小さじ1

つくり方

1. 九条ねぎは小口切りにする。
2. 卵を溶きほぐし、Aを加えてよく混ぜ、1を加えて混ぜる。
3. 卵焼き器を中火で熱し、キッチンペーパーなどでごま油を塗り広げ、2の1/4量を流し入れる。かたまってきたら半分に折りたたみ、あいたところに再びごま油を塗る。
4. 残りの卵液の1/3量を流し入れ、同様に折りたたむ。これをあと2回繰り返して中まで火を通す。食べやすく切って器に盛り、ごまをふる。

シンプルな豚肉のソテーに、たっぷりの香草を合わせて目先を変えて。
すだちのさわやかな酸味も、豚肉のうまみを引き出します。

豚肉のソテー　刻み香草のせ

材料（2人分）

豚ロースとんかつ用肉　2枚
みつば　4本
えごま　3枚
香菜　4本
薄力粉　大さじ1
酒　大さじ2
塩　少々
A ┃ しょうが（みじん切り）　1かけ
　 ┃ ナンプラー　大さじ2
　 ┃ すだちのしぼり汁　2個分
　 ┃ 七味唐辛子　少々
ごま油　小さじ2

つくり方

1　豚肉は常温にもどし、脂身と赤身の境目に包丁の先で数カ所の切れ目を入れ、薄力粉を薄くまぶす。みつば、えごま、香菜はざく切りにする。

2　フライパンにごま油小さじ1を中火で熱し、豚肉を入れ、両面に焼き色がつくまで焼く。弱火にして酒をふり、8分ほど蒸し焼きにし、塩をふって器に盛る。

3　みつば、えごま、香菜にAを加えて混ぜ、残りのごま油を加えてあえる。2にのせる。

紹興酒を使うとぐっと風味がよくなります。
多めのごま油をしっかり熱してから焼くのがポイント。

香菜と長ねぎの台湾風卵焼き

材料（2人分）

卵　4個
香菜　5本
長ねぎ　1/2本
干しえび　大さじ2
A ┃ しょうが（みじん切り）　1かけ
　┃ 紹興酒（または酒）　大さじ1
　┃ しょうゆ　小さじ1
　┃ 塩　小さじ1/3
ごま油　大さじ2
一味唐辛子　少々

つくり方

1　干しえびはぬるま湯大さじ3に15分ほどつけてもどし、粗く刻む。もどし汁はとっておく。香菜、長ねぎはみじん切りにする。

2　卵を溶きほぐし、1（干しえびのもどし汁も）、Aを加えてよく混ぜる。

3　直径20cmほどのフライパンにごま油を中火で熱し、2を流し入れる。半熟になるまで混ぜ、焼き色がついたら裏返し、弱火で8分ほど焼く。器に盛り、一味唐辛子をふる。

ちょっぴりクセのある食材同士、相性の良さは抜群です。
しっかり味つけをしているので、なにもつけなくてもおいしい。

ラムと香菜の餃子

材料（15個分）

ラム肉　200g
香菜　7本
長ねぎ　1/2本
餃子の皮　15枚
A ┌ おろししょうが　1かけ分
　├ 酒、ナンプラー（またはしょうゆ）
　│　　　　　　　　各大さじ1
　└ 塩　少々
ごま油　大さじ1と1/2

つくり方

1. ラム肉は包丁で細かく刻む。香菜、長ねぎはみじん切りにする。

2. ボウルに1、Aを入れ、粘りがでるまでよく混ぜ、餃子の皮で等分に包む。

3. フライパンにごま油を中火で熱し、2を並べ入れる。焼き色がついたら水1/2カップを加え、ふたをして弱めの中火で5分蒸し焼きにする。

4. ふたをはずして中火にし、水分を飛ばす。器に盛り、香菜（分量外）を添える。

たっぷりのディルで、いつものオムレツがワインに合うおつまみに。
ディジョンマスタードを添えてめし上がれ。

ディルのオムレツ

材料（2人分）

ディル　5本

マッシュルーム　4個

卵　4個

A
- 生クリーム（または牛乳）　大さじ2
- 白ワイン　大さじ1
- 塩　小さじ1/3

オリーブオイル　大さじ2

粗びき黒こしょう、
　ディジョンマスタード　各少々

つくり方

1　ディルはみじん切りにする。マッシュルームは薄切りにする。

2　卵を溶きほぐし、**1**、**A**を加えてよく混ぜる。

3　フライパンにオリーブオイル大さじ1を中火で熱し、**2**の半量を流し入れ、半熟になるまで混ぜる。フライパンの向こう側に寄せて形を整え、取り出す。残りも同様に焼く。

4　器に盛り、キッチンペーパーをかぶせて軽く押さえ、形を整える。黒こしょうをふり、ディル（分量外）、ディジョンマスタードを添える。

うまみたっぷり豚バラ肉と甘みそのこっくり味。
バジルの甘い香りで、ぐっとエスニック風のひと皿に変わります。

豚肉とバジルの甘みそ炒め

材料（2人分）

豚バラ焼き肉用肉　200g
バジル　15〜20枚
白いりごま　小さじ1
ごま油　少々

A
- おろしにんにく　1片分
- おろししょうが　1かけ分
- 紹興酒（または酒）　大さじ1
- テンメンジャン　小さじ2

つくり方

1　フライパンにごま油を中火で熱し、豚肉を入れ、両面に焼き色をつける。

2　キッチンペーパーで脂を除きながら、カリッとしたら合わせたAをからめる。バジル、白いりごまを加えさっとあえる。

豆豉は黒豆を使った中国の発酵調味料。複雑な味わいを醸し出します。
春菊の食感を残すよう、手早く炒めるのがポイント。

春菊の豆豉炒め

材料（2人分）

春菊　1束
豆豉　大さじ1
にんにく（みじん切り）　1片
しょうが（みじん切り）　1かけ
ごま油　小さじ2
A ┌ 酒　小さじ1
　 └ しょうゆ　小さじ1/2

つくり方

1 春菊は食べやすい長さに切る。豆豉は粗く刻む。

2 フライパンにごま油とにんにく、しょうが、豆豉を入れて中火で熱し、香りが立ったら春菊を入れさっと炒める。

3 しんなりしたらAを加え、ひと炒めする。

> column

香草の保存法2

香草バターにする

　残った香草をバターと混ぜて、香草バターを作るのもおすすめです。バターを室温にもどし、細かく刻んだ香草を混ぜ、容器に入れて冷蔵庫で冷やします。
　トーストしたバゲットに塗れば、食事はもちろん、おつまみにもぴったりの一品になります。サンドイッチを作るときにパンに塗っても。肉や魚のソテーにのせたり、オムレツや蒸したじゃがいもにのせて食べるのもおいしいですよ。
　パセリバターがよく知られていますが、セージ、ディル、バジル、ローズマリーなどでもおいしい香草バターができます。ディルはバターの代わりにディジョンマスタードと合わせてもいいと思います。

〈3章〉

煮こみ
煮もの
鍋料理

味わいのアクセントにはもちろん、
メインの具材としても。
豚肉や牛肉と組み合わせることで、クセを抑え、
うまみをぐっと引き出してくれる役割も果たします。
シンプルな鍋料理も、変化がついて楽しい。

消化を助けるクレソンを、たっぷり添えていただきます。
塩漬けにしてうまみを増した豚肉との相性も抜群。

塩豚の煮こみ クレソン添え

材料(2人分)

豚肩ロースかたまり肉　400g
クレソン　2束(10本)
玉ねぎ　1個
タイム、ローズマリー　各2枝
しょうが　1かけ
ごま油　小さじ1
酒　1/2カップ
粗びき黒こしょう　少々

下準備

豚肉に塩小さじ1(分量外)をすりこみ、ラップでしっかりと包み冷蔵庫で1〜3日おく。

つくり方

1 クレソンはざく切り、玉ねぎは6等分のくし形切り、しょうがは皮つきのまま薄切りにする。

2 鍋にごま油を中火で熱し、しょうがを炒める。香りが立ったら豚肉を入れ、表面に焼き色がついたら玉ねぎを加えてさっと炒める。

3 酒、タイム、ローズマリーを加え、かぶるくらいの水を注いでひと煮立ちさせ、アクをとる。ふたをして弱火で1時間ほど煮て、塩少々(分量外)で味をととのえ、黒こしょうをふる。クレソンをのせる。

香りよいディルをたっぷりとトッピングすることで
こっくりとした生クリーム仕立ての煮こみも、飽きずに食べられます。

鶏肉とディルのフリカッセ

材料（2人分）

鶏胸肉　大1枚（250g）
玉ねぎ　1/2個
セロリ　1/2本
セージ　2枚
ディル　6本
にんにく（つぶす）　1片
薄力粉　大さじ2
オリーブオイル　小さじ2
白ワイン、生クリーム　各150ml
塩　小さじ1/2
粗びき黒こしょう　少々

つくり方

1　鶏肉はひと口大に切り、薄力粉をはたく。玉ねぎは薄切りにし、セロリは筋をとり、斜め薄切りにする。ディルは粗く刻む。

2　鍋ににんにくとオリーブオイルを入れて中火で熱し、香りが立ったら鶏肉を入れる。表面に焼き色がついたら玉ねぎ、セロリ、セージを加え、玉ねぎが透き通るまで炒め、白ワインを加えてひと煮立ちさせる。アクをとり、ふたをして弱火で8分ほど蒸し焼きにする。

3　生クリームを加えてひと煮立ちさせ、塩、黒こしょうを加えて器に盛り、ディルをのせる。

香菜とバジルの牛しゃぶ鍋

recipe → p.62

塩豚の花椒鍋
recipe → p.63

セロリの水餃子
recipe → p.65

香草は煮こまず、最後にわさっと乗せるだけでOK。
だし汁は昆布だしが好相性。レモンの酸味をプラスしたスープも絶品です。

香菜とバジルの牛しゃぶ鍋

材料（2人分）

牛ももしゃぶしゃぶ用肉　200g
ごぼう　1本
長ねぎ　1/2本
香菜　6本
バジル　10枚
A ┌ にんにく（つぶす）　1片
　│ レモングラス　3本
　│ だし汁　3と1/2カップ
　└ 酒　1/4カップ
ナンプラー　大さじ2
レモン汁　大さじ2

つくり方

1. ごぼうは7〜8mm幅の斜め切りにし、水にさっとさらす。長ねぎは斜め薄切りにする。香菜はざく切りにする。

2. 鍋にごぼうと長ねぎ、Aを入れて中火で煮立て、ナンプラーを加える。弱火で8分ほど、ごぼうがやわらかくなるまで煮る。

3. 牛肉を1枚ずつ加え、香菜とバジルをのせ、レモン汁を加える。

しびれる辛さの花椒と、にんにく、しょうが入りのスープで煮こみます。
香草は1～2種類でも、そのとき手に入ったものでOKです。

塩豚の花椒鍋(ホアジャオ)

材料(2人分)

豚肩ロースかたまり肉　400g
長ねぎ　1本
ミックスハーブ(香菜、バジル、ディルなど)　40g

A
- 昆布　3cm角
- しょうが　1かけ
- にんにく(つぶす)　1片
- 花椒(ホール)　大さじ1
- 紹興酒(または酒)　80ml
- 水　700ml

B　しょうゆ、ごま油　各大さじ1

下準備

豚肉に塩小さじ1(分量外)をすりこみ、ラップでしっかりと包み冷蔵庫で1～3日おく。

つくり方

1　豚肉は7～8mm厚さに切る。長ねぎは7～8cm幅に切る。ミックスハーブはざく切りにする。Aのしょうがは皮つきのまま薄切りにする。

2　鍋に長ねぎとAを入れて中火で煮立て、豚肉を加える。再び煮立ったらアクをとり、弱火で15分ほど煮る。

3　Bを加え、香草をのせる。

煮こみ・煮もの・鍋料理

もちもちの手作り皮で作る水餃子。セロリの香りと食感で、いくつでも食べられそう！ 好みで黒酢やしょうゆをつけてどうぞ。

セロリの水餃子

材料（15個分）

豚ひき肉　100g
セロリ　1本
セロリの葉　5枚
おろししょうが　1と1/2かけ分
塩　小さじ1/3
A ┌ 紹興酒（または酒）　大さじ1/2
　└ しょうゆ、ごま油　各小さじ1

［皮］
　薄力粉　30g
　強力粉　130g
　ぬるま湯　100〜120ml

つくり方

1 皮を作る。ボウルに粉類を入れ、ぬるま湯を少しずつ加えながら手で素早く混ぜ、ボウルに生地がつかない程度のかたさにまとめる（水分が少ないようならぬるま湯を大さじ1ほど足す）。

2 打ち粉をふった台にのせ、全体につやがでてしっとりとなじむまでよくこねる。ラップで包み、常温で30分ほどおく。

3 30cm長さの棒状にのばし、2cm幅に切り、切り口を上にしてつぶす。麺棒で、生地を回転させながら直径10cmほどの円形にのばす（中央を厚めにするとよい）。

4 肉だねを作る。セロリ、セロリの葉はみじん切りにし、塩をふってしんなりするまでもみ、水けをしっかりとしぼる。

5 ボウルに豚ひき肉、しょうが、4、Aを入れて粘りが出るまでよく混ぜる。3で等分に包み、7分ほどゆでる（ふきこぼれそうになったら水適量を加える）。

山椒の実を加えることで、定番の甘辛味に変化がつきます。
くたっと煮えて甘みを増した野菜もおいしい。

豚バラ肉と万願寺唐辛子の山椒煮

材料（2人分）

豚バラかたまり肉　400g
長ねぎ　1本
万願寺唐辛子　10本
しょうが（せん切り）　1かけ
山椒の実（水煮）　大さじ2
ごま油　小さじ1
A ┌ 酒　1/2カップ
　└ みりん　1/4カップ
B ┌ しょうゆ　大さじ2
　└ 塩　小さじ1/4

つくり方

1　豚肉は半分に切って12分ほど下ゆでし、流水でさっと洗い、水けをとる。長ねぎは7〜8cm長さに切る。

2　鍋にごま油を中火で熱し、しょうがを炒める。香りが立ったら豚肉を加え、表面に焼き色をつけるように焼く。

3　長ねぎを加えてさっと炒め、山椒の実、A、かぶるくらいの水を加えてひと煮立ちさせる。アクをとり、弱火で50分ほど煮て、万願寺唐辛子、Bを加えてさらに20分ほど煮る。

column

香草の保存法3

香草ペーストを作る

　バジルや香菜、イタリアンパセリ、青じそ、山椒の葉などは、ジェノベーゼのようにペーストにしてはいかがでしょう。にんにくやしょうがと一緒にすり鉢などでペーストにし、好みのオイルと合わせます。

　塩、こしょう、酢、オイルなど好みの調味料を足してサラダのドレッシングにしたり、パスタソースにも応用できます。もちろん、肉や魚のソテーのソースとしても。冷ややっこにもよく合いますよ。

　量が多めならフードプロセッサーを使うとあっという間にできます。色が変わりやすいので、冷蔵庫に保存し、できるだけ早めに使いきりましょう。

〈4章〉
蒸し煮 蒸しもの

ふたを開けたときの湯気と、ふわっと広がる香りに
食欲がそそられる蒸し煮や蒸しもの。
ミントと青じそ、山椒とバターなど、
意外な組み合わせでいただく蒸し野菜も、
目先が変わって新しい味わいです。

香菜が堂々主役。個性的な調味料を合わせた存在感のあるひと品です。
香りを生かし、食感を残すため、加熱時間はほんの30秒ほどに。

香菜のオイル蒸し

材料（2人分）

香菜　20本
にんにく（つぶす）　1片
ごま油　大さじ1
A ［白ワイン、ナンプラー、黒酢
　　　　　　　　　各大さじ1］

つくり方

1　香菜は長さを半分に切り、水にさらす。

2　鍋にごま油とにんにくを入れて中火で熱し、香りが立ったら1を入れ、Aをふってふたをし、30秒ほど蒸し煮にする。

火を通したクレソンは、辛みも消えてやさしい味わい。
長いままダイナミックに盛りつけて、たっぷりいただきます。

ザーサイとクレソンの蒸し煮

材料（2人分）

ザーサイ（塩漬け）　40g

クレソン　2束

しょうが（せん切り）　1かけ

ごま油　大さじ1

A [紹興酒（または酒）　大さじ2
　　塩　小さじ1/4]

つくり方

1　ザーサイは薄切りにし、水に8分ほどさらして水けをとり、細切りにする。

2　鍋にごま油を中火で熱し、しょうがを炒める。香りが立ったらクレソンを入れ、1、Aを加えてふたをし、40秒ほど蒸し煮にする。

里いもと青じそ、ミントの意外な組み合わせも、絶妙な風味をかもし出します。
ミントは香りがしっかりと主張する、ペパーミントがおすすめ。

蒸し里いものミント風味

材料（2人分）

里いも　8個
青じそ　4枚
ペパーミント　15枚
A ┌ おろしにんにく　1/2片分
  │ ナンプラー　小さじ2
  │ クミンパウダー、
  │ 　コリアンダーパウダー
  └ 　　　　各小さじ1/2
ごま油　小さじ2

つくり方

1　里いもはよく洗い、皮つきのまま蒸気の立った蒸し器に入れ、12分ほど蒸す。熱いうちに皮をむき、半分に切る。

2　青じそ、ペパーミントは粗く刻む。

3　1と2を合わせ、Aであえ、ごま油をかける。

熱々の蒸し野菜に、山椒のキリッとした辛みと香りを混ぜ込んだバターを
合わせれば、それだけで大満足のひと皿に。

ビーツとかぶの山椒バター添え

材料（2人分）

ビーツ　1個
かぶ　2個
山椒の葉（みじん切り）　4枝分
バター（有塩）　大さじ1
A ┌ 粉山椒、ナンプラー
　│　　　各小さじ1/2
　└ 塩　少々
白ワイン　大さじ2

つくり方

1　バターは常温にもどし、山椒の葉、**A**を混ぜる。

2　ビーツは皮をむき6〜8等分、かぶは4等分のくし形切りにする。

3　蒸気の立った蒸し器にビーツを入れ、白ワイン大さじ1をふり、8分ほど蒸す。かぶを加えて残りの白ワインをふり、さらに5分ほど蒸す。器に盛り、**1**を添える。

ふたをはずせば、レモングラスのさわやかな香りがふわり。
あさりのうまみを吸った紫玉ねぎで、おいしさも倍増です。

レモングラスとあさりの白ワイン蒸し

材料（2人分）

あさり（殻つき）　300g

紫玉ねぎ　1/2個

にんにく（つぶす）　1片

レモングラス　3本

オリーブオイル　大さじ1

A ┌ 白ワイン　80ml
　└ ナンプラー　大さじ1

つくり方

1　あさりは砂出しをする。紫玉ねぎは薄切りにする。

2　鍋にオリーブオイルとにんにくを入れて中火で熱し、香りが立ったら1、レモングラス、Aを入れる。

3　ふたをして、あさりの口が開くまで3分ほど蒸し煮にする。

column

香草の保存法4

乾燥させてドライハーブに

　ミントやローズマリー、レモングラス、イタリアンパセリなどは乾燥させるのも手。ざるに広げて3日ほど乾燥させます。せっかくの香りが飛んでしまうため、直射日光は避けてください。ローズマリーはフレッシュなものと同じ使い方ができます。イタリアンパセリは細かくして料理の仕上げに。ミントやレモングラスは、熱湯を注いでハーブティーにしてはいかがでしょう。

　色の変わりやすいバジルはオーブンで乾燥させるのがおすすめ。100℃に温めたオーブンに1時間半ほど入れておくと、パリパリのドライバジルができ上がります。

〈5章〉
揚げもの

食べごたえのある揚げものに、香草を合わせました。
すっとした香りがプラスされることで、
たくさん食べてももたれない揚げものに。
フェンネルの茎や香菜の根っこもカラリと揚げると
葉とはひと味違うおいしさが楽しめます。

えびの甘みとセロリの香りのコンビネーションが絶妙。
ミントとレモンを合わせて、さらにさっぱりと。

セロリとえびの揚げ春巻き

材料（2人分）

- えび（ブラックタイガーなど）　7尾
- セロリ　60g
- A [しょうが（みじん切り）　1かけ
    酒　小さじ2]
- 塩　小さじ1/3
- 春巻きの皮　5枚
- 揚げ油　適量
- B [薄力粉　小さじ2
    水　大さじ1]
- スペアミント、レモン　各適量

つくり方

1. えびは殻と背わたを除き、片栗粉大さじ2（分量外）をまぶしてもみ、水洗いして水けをとる。包丁で粗めにたたき、**A**を加えて混ぜる。

2. セロリは筋をとって5cm長さの細切りにし、塩をふってもみ、水けをしぼる。**1**に加えて混ぜる。

3. 春巻きの皮に**2**を等分に乗せて巻き、巻き終わりに合わせた**B**をつけて閉じる。

4. 揚げ油を170℃に熱し、**3**をきつね色になるまで返しながら揚げる。器に盛り、スペアミントとレモンを添える。

ミントの香りがラムのクセを抑えます。こしょうもしっかり効かせて。
さっぱりとしたヨーグルトソースがよく合います。

ミントとラムの揚げだんご

材料（2人分）

ラムロース肉　300g
スペアミント　10g
玉ねぎ　1/2個

A
- 溶き卵　1個分
- しょうが（みじん切り）　1かけ
- 片栗粉、酒　各大さじ1
- 塩　小さじ1/2
- 粗びき黒こしょう　適量

揚げ油　適量

B
- プレーンヨーグルト（無糖）　大さじ2
- オリーブオイル　大さじ1
- ナンプラー　小さじ2
- レモン汁　小さじ1
- クミンパウダー　少々

レモン（半月切り）　2～3枚

つくり方

1. 玉ねぎと、スペアミントの半量はみじん切りにする。

2. ラム肉は包丁で細かくたたく。1、Aを加えて粘りが出るまでよく混ぜる。

3. 揚げ油を170℃に熱し、2を8～10等分して丸めて入れ、きつね色になるまで揚げる。

4. 3、残りのスペアミントとレモンを合わせて器に盛り、合わせたBを添える。

ふんわりとやさしい食感のさつま揚げです。
レモンやすだちを添えてどうぞ。バジルを香菜や青じそに代えても。

バジル風味のさつま揚げ

材料（2人分）

白身魚（さわら、たいなど）　3切れ（300g）
バジル　8枚
しらす干し　30g
長ねぎ　1/4本
しょうが　1かけ
A ┌ 卵白　1個分
　├ 片栗粉　大さじ1
　└ 塩　小さじ1/2
揚げ油（ごま油）　適量

つくり方

1　白身魚は皮を除いて3等分に切る。長ねぎはぶつ切りに、バジル、しょうがは粗く刻む。

2　フードプロセッサーに白身魚としらす、長ねぎ、しょうが、Aを加えてなめらかになるまで攪拌する。ボウルに移し、バジルを加えて混ぜ、10等分してだ円形にまとめる。

3　揚げ油を170℃に熱し、2を入れ、きつね色になるまで4分ほど揚げる。

ころもにイタリアンパセリやチーズを混ぜ込んで風味豊かに。
たっぷりの香草を添えて一緒にどうぞ。ラム肉で作るのもおすすめです。

パセリ風味のビーフカツレツ

材料(2人分)

牛ももステーキ用肉　2枚(300g)
イタリアンパセリ　4本
塩、こしょう　各少々
A ┌ 溶き卵　1個分
　└ パルメザンチーズ　大さじ2
薄力粉　大さじ2
パン粉(細かいもの)　2/3カップ
オリーブオイル　適量
タイム、イタリアンパセリ　適量

つくり方

1 牛肉は麺棒などでたたいて7〜8mm厚さになるように広げ、塩、こしょうをふる。

2 イタリアンパセリはみじん切りにし、合わせたAに混ぜる。

3 1に薄力粉、2、パン粉の順にころもをつける。

4 フライパンにオリーブオイルを深さ2cmほど入れて中火で熱し、3の両面をこんがりとするまで揚げ焼きにする。器に盛り、タイム、刻んだイタリアンパセリを添える。

いつもは捨ててしまう部分も、揚げれば立派なおつまみになります。
おだやかな香味と油のうまみで、手の止まらないおいしさ。

フェンネルの芯と香菜の根っこの素揚げ

材料(2人分)

フェンネルの芯　200g
香菜の根　6〜7本分
塩　少々
揚げ油　適量

つくり方

1 フェンネルの芯は縦に2cm幅に切る。香菜の根はよく洗い、水けをキッチンペーパーでとる。

2 揚げ油を170℃に熱し、フェンネルの芯を2分ほど揚げる。少し火を強め、香菜の根を加えてさらに1分揚げる。器に盛り、塩をふる。

揚げ立てのじゃがいもを、黒酢風味の香草と一緒にいただきます。
いつものポテトフライも、目先が変わって新鮮なひと皿に。

揚げじゃがいもの香草添え

材料（2人分）

じゃがいも　小8個

みつば　8本

青じそ　4枚

ルッコラ　6本

揚げ油　適量

A ┃ 赤唐辛子（縦半分に切る）　1本
　┃ しょうゆ、黒酢、ごま油
　┃ 　　　　　各大さじ1

つくり方

1　じゃがいもは皮つきのまま半分に切る。

2　鍋に1と揚げ油をひたひたに入れ、中火にかける。ときどき混ぜながら、竹串がすっと通るようになるまで8分ほど揚げる。

3　みつば、ルッコラはざく切りに、青じそはちぎってAとあえる。2と一緒に食べる。

column

香草の保存法 5

オイル漬けにする

　香草をオイルに漬けて、フレーバーオイルを作りましょう。ほんのりと香草の香りが移ったオイルは、ドレッシングはもちろん、ソテーや炒めものに使ったり、料理の仕上げにふりかけるなど、いろいろ使えます。

　オイル漬けに向いている香草は、フェンネル、タイム、バジル、セージ、ローズマリー、山椒、青じそなどです。香草を清潔なビンなどにいれ、オイルを注ぎます。にんにくや赤唐辛子などを一緒に加えてもよいでしょう。空気に触れると香草の色が黒っぽくなってしまうので、しっかりオイルにひたるようにしておくのがコツ。1週間くらいで香りが移ります。

〈6章〉

ごはん
麺

おかずなしでも大満足のごはんやめんにも香草をたっぷりと。
ひと口ごとにさわやかな香りや風味が広がります。
しゃきっと食感のアクセントにもなって
ついつい食べ過ぎてしまうのがたまにきず。
細かく刻むとごはんにも麺にもよくなじみます。

全体をよく混ぜてどうぞ。
香草は細かく刻むと、ごはんによくなじみます。

えびと香草のフライドライス

材料(2人分)

えび(ブラックタイガーなど) 6尾
イタリアンパセリ 6本
細ねぎ、香菜 各3本
卵 2個
温かいごはん 茶碗2杯分
ごま油 大さじ1
しょうが(みじん切り) 1かけ
にんにく(みじん切り) 1片
酒 大さじ2
しょうゆ 小さじ2
塩 小さじ1/4
ガラムマサラ(または七味唐辛子) 少々

つくり方

1 えびは殻をむいて背わたを除き、厚みを半分に切る。片栗粉大さじ3(分量外)をまぶしてもみ、水洗いして水けをとる。イタリアンパセリ、香菜は粗みじん切りに、細ねぎは小口切りにする。

2 フライパンにごま油を中火で熱し、目玉焼きを2個作り、取り出す。

3 同じフライパンにしょうがとにんにくを入れて中火で炒め、香りが立ったらえびを加え、色が変わるまで炒める。酒をふり、汁けがなくなるまで炒める。

4 ごはんを加えて炒め、なじんだらイタリアンパセリ、香菜、細ねぎとしょうゆ、塩を加えてさっと炒め合わせる。器に盛り、目玉焼きをのせ、ガラムマサラをふる。

温かいごはんに混ぜるだけ。
カリカリのアーモンドとレモンがアクセントになって、つい食べすぎてしまいそう。

クレソンとナッツの混ぜごはん

材料(2人分)

クレソン　8本

温かいごはん　茶碗2杯分

しょうが(みじん切り)　1かけ

アーモンド(ローストしたもの)　10個

A［ナンプラー、レモン汁、ごま油
　　　　　　　　　　各大さじ1

つくり方

1　クレソン、アーモンドは粗く刻む。

2　温かいごはんにしょうが、アーモンド、Aを加えて混ぜる。クレソンを加えてさっと混ぜる。

香菜とすだちのおかゆ

recipe → p.104

香草とカリカリ豚ののっけごはん
recipe → p.105

かぶの葉の梅むすび
recipe → p.106

やさしい味わいのおかゆに、香菜とすだちでアクセントをプラス。
朝ごはんはもちろん、食欲のないときにもおすすめです。

香菜とすだちのおかゆ

材料（2人分）

香菜　10本

すだち（薄切り）　1個

しらす干し　25g

米　1/2合

A／だし汁　2と1/2カップ
　＼酒　大さじ2

B／しょうがのしぼり汁　1かけ分
　｜ナンプラー　大さじ1
　＼すだちのしぼり汁　1個分

白いりごま　小さじ2

つくり方

1　鍋にAとしらすを入れて煮立て、洗った米を加えてひと煮立ちさせ、弱火で30分ほど煮る。

2　Bを加えてひと混ぜし、器に盛り、すだち、香菜をのせ、ごまをふる。

ごはんに甘辛味のカリカリ豚と、香草をどっさりと。
香草は好みのものだけでもOKです。全体を混ぜ混ぜしてどうぞ。

香草とカリカリ豚ののっけごはん

材料（2人分）

豚バラ薄切り肉　200g
香菜　5本
青じそ　4枚
バジル　12枚
スペアミント　20枚
みょうが　1個
温かいごはん　茶碗2杯分
にんにく（みじん切り）　1片
A［しょうゆ、みりん　各大さじ1
粗びき赤唐辛子　少々
ごま油　少々

つくり方

1　豚肉は1cm幅に切る。みょうがは小口切りにし水に5分さらし、水けをきる。香菜、青じそはざく切り、バジル、スペアミントは葉を摘む。

2　フライパンにごま油とにんにくを入れて中火で熱し、香りが立ったら豚肉を加えて炒める。出てきた脂をキッチンペーパーで除き、カリカリになったら、Aを加えて汁けがなくなるまで炒める。

3　器にごはんを盛り、2、1の香草を合わせてのせる。赤唐辛子をふる。

かぶの葉のほろ苦さ、梅干しの酸味、すだちのさわやかな香り、
ごまの香ばしさ。さまざまな香味が渾然一体となって、奥深い味わいに。

かぶの葉の梅むすび

材料(2人分)

かぶの葉　8本

梅干し　3個

すだちのしぼり汁　1個分

白いりごま　大さじ1

温かいごはん　茶碗3杯分

塩　少々

つくり方

1　かぶの葉は塩を加えた湯で1分30秒ほどゆでて冷水にとり、水けをしぼってみじん切りにする。梅干しは種を除いてたたく。

2　ごはんに1、すだちのしぼり汁、白いりごまを加えて混ぜ、好みの形ににぎる。

えごまの独特の香りがクセになるひと皿。たっぷり散らしてどうぞ。
牛肉の濃厚なうまみに負けない、複雑な香味のたれも絶品です。

えごまと牛肉のあえ麺

材料（2人分）

牛ももしゃぶしゃぶ用肉　150g
えごま　5枚
そうめん　3束
ごま油　小さじ1

A
- レモングラス（根）　1本（12cm）
- 長ねぎ　10cm
- にんにく（みじん切り）　1片
- しょうが（みじん切り）　1かけ
- 赤唐辛子（小口切り）　1/2本
- 白いりごま　小さじ2
- レモン汁、ナンプラー、ごま油　各大さじ2
- 塩　少々

つくり方

1. 沸騰した湯に酒大さじ1（分量外）を加え、牛肉を1枚ずつ入れて40秒ほどゆで、水けをきる。

2. **A**のレモングラス、長ねぎはみじん切りにし、ほかの**A**と合わせ、**1**にからめる。

3. そうめんは表示通りにゆでて水にとり、水けをきってごま油をまぶす。器に盛り、**2**とちぎったえごまをのせる。

フェンネルの独特の香りで、青背の魚もぐっと食べやすく。
酸味のあるケッパーが味の引き締め役になってくれます。

フェンネルとさばのパスタ

材料（2人分）

塩さば　2切れ
フェンネル　50g（15cm長さのもの6〜7本）
玉ねぎ　1/2個
ケッパー　大さじ1
スパゲッティ　160g
にんにく（薄切り）　1片
オリーブオイル　大さじ1と1/2
白ワイン　1/4カップ
塩　小さじ1/2

つくり方

1 さばは2cm幅に切る。玉ねぎは薄切りに、フェンネルはざく切りにする。スパゲッティは塩適量（分量外）を加えた湯で、表示時間通りにゆでる。

2 フライパンにオリーブオイルとにんにくを入れて中火にかけ、香りが立ったらさばを加え、表面に焼き色をつける。玉ねぎ、フェンネル、ケッパーを加えてさっと炒め、白ワインを加える。

3 塩、スパゲッティのゆで汁大さじ3を加えてなじませる。

4 ゆで上がったスパゲッティを加えて炒め合わせ、塩、こしょう各少々（分量外）で味をととのえる。器に盛り、フェンネル適量（分量外）を添える。

刻んだにらに熱した調味油をかけたたれは、えび風味の麺にぴったり。
キリッと赤唐辛子の辛みが効いています。

にらたっぷりの黒酢えび麺

材料（2人分）

にら　8本
えび麺（乾）　2玉
A
- にんにく（みじん切り）　1片
- しょうが（みじん切り）　1かけ
- 黒酢、しょうゆ　各大さじ2
- ごま油　大さじ1
- 粗びき赤唐辛子　小さじ1
- 塩　少々

つくり方

1. にらは1cm幅に切る。
2. 小鍋にAを入れてひと煮立ちさせ、熱いうちに1にかける。
3. えび麺を1分30秒ほどゆでて水けをきり、器に盛り、2をかける。

思いのほかどんな食材にもよく合う香菜。特に豚肉や
ナンプラーとの相性は抜群、最後のひと口までおいしさが続きます。

豚肉と香菜のナンプラー麺

材料（2人分）

豚ロースしゃぶしゃぶ用肉　150g

長ねぎ　1/4本

香菜　6本

中華麺　2玉

A ┌ にんにく（みじん切り）　1片
　├ しょうが（みじん切り）　1かけ
　└ ナンプラー、レモン汁、ごま油
　　　　　　　　　　　各大さじ2

白いりごま　小さじ2

つくり方

1 長ねぎは斜め薄切りにし、水に5分さらして水けをきり、Aと合わせる。香菜はざく切りにする。

2 沸騰した湯に酒大さじ1（分量外）を加え、豚肉を1枚ずつ入れて1分ほどゆで、水けをきる。Aであえる。

3 同じ湯で麺を表示通りにゆでて水けをきる。器に盛り、2、香菜をのせ、ごまをふる。

索引

[あ行]

◎青じそ
- 蒸し里いものミント風味　74
- 揚げじゃがいもの香草添え　92
- 香草とカリカリ豚ののっけごはん　102

◎イタリアンパセリ
- 紫キャベツとイタリアンパセリの
　コールスロー　12
- チーズのハーブマリネ　18
- 香草やっこ　29
- 鯛とほたてのタルタル　30
- パセリ風味のビーフカツレツ　88
- えびと香草のフライドライス　96

◎えごま
- 豚肉のソテー　刻み香草のせ　40
- えごまと牛肉のあえ麺　108

[か行]

◎かぶの葉
- かぶの葉の梅むすび　103

◎九条ねぎ
- 九条ねぎの卵焼き　38

◎クレソン
- クレソンとキャベツのコールスロー　28
- クレソンのタブレ　32
- 塩豚の煮こみ　クレソン添え　54
- ザーサイとクレソンの蒸し煮　72
- クレソンとナッツの混ぜごはん　98

[さ行]

◎山椒の葉
- ビーツとかぶの山椒バター添え　76

◎山椒の実
- あじとトレビスの山椒マリネ　14
- 豚バラ肉と万願寺唐辛子の山椒煮　66

◎香菜
- ひじきと香菜、細ねぎのサラダ　22
- 切り干し大根と香菜のマリネ　26
- 香草やっこ　29
- 豚肉のソテー　刻み香草のせ　40
- 香菜と長ねぎの台湾風卵焼き　42
- ラムと香菜の餃子　44
- 香菜とバジルの牛しゃぶ鍋　59
- 塩豚の花椒鍋　60
- 香菜のオイル蒸し　70
- フェンネルの芯と香菜の根っこの素揚げ　90
- えびと香草のフライドライス　96
- 香菜とすだちのおかゆ　101
- 香草とカリカリ豚ののっけごはん　102
- 豚肉と香菜のナンプラー麺　114

◎春菊
- 春菊の豆豉炒め　50

◎スペアミント
- セロリとえびの揚げ春巻き　82
- ミントとラムの揚げだんご　84
- 香草とカリカリ豚ののっけごはん　102

◎セージ
- 鶏肉とディルのフリカッセ　56

◎セロリ
- 鶏肉とディルのフリカッセ　56
- セロリの水餃子　61
- セロリとえびの揚げ春巻き　82

[た行]

◎タイム
塩豚の煮こみ　クレソン添え　　　　　　54
パセリ風味のビーフカツレツ　　　　　　88

◎ディル
いちじくとライム、ディルのサラダ　　　17
チーズのハーブマリネ　　　　　　　　　18
鶏肉とれんこんのディル風味　　　　　　19
鯛とほたてのタルタル　　　　　　　　　30
ディルのオムレツ　　　　　　　　　　　46
鶏肉とディルのフリカッセ　　　　　　　56
塩豚の花椒鍋　　　　　　　　　　　　　60

[な行]

◎にら
にらたっぷりの黒酢えび麺　　　　　　112

[は行]

◎バジル
チーズのハーブマリネ　　　　　　　　　18
豚肉とバジルの甘みそ炒め　　　　　　　48
香菜とバジルの牛しゃぶ鍋　　　　　　　59
塩豚の花椒鍋　　　　　　　　　　　　　60
バジル風味のさつま揚げ　　　　　　　　86
香草とカリカリ豚ののっけごはん　　　102

◎フェンネル
トマトとフェンネルのマリネ　　　　　　10
チーズのハーブマリネ　　　　　　　　　18
フェンネルの芯と香菜の根っこの素揚げ　90
フェンネルとさばのパスタ　　　　　　110

◎ペパーミント
蒸し里いものミント風味　　　　　　　　74

◎細ねぎ
ひじきと香菜、細ねぎのサラダ　　　　　22
えびと香草のフライドライス　　　　　　96

[ま行]

◎みつば
みつばとみょうがのごまひじきサラダ　　24
豚肉のソテー　刻み香草のせ　　　　　　40
揚げじゃがいもの香草添え　　　　　　　92

◎みょうが
みつばとみょうがのごまひじきサラダ　　24
香草とカリカリ豚ののっけごはん　　　102

[ら行]

◎ルッコラ
揚げじゃがいもの香草添え　　　　　　　92

◎レモングラス
レモングラスとあさりの白ワイン蒸し　　78
えごまと牛肉のあえ麺　　　　　　　　108

◎ローズマリー
塩豚の煮こみ　クレソン添え　　　　　　54

おわりに

いつごろから魅了されたのだろう。
小さい頃から、馴染みのある大葉や三つ葉、
中学生くらいに出会ったバジル、
大人になってからおいしさを知ったみょうがやフェンネル、クミン、
香菜などの西洋ハーブ。

今では私が作る料理のなかで欠かせないものになっています。

料理のレシピを作り続けていて、ハーブや香草の魅力たっぷりの本を
いつか作れたらいいなと思っていました。

この思いを形にしてくださいました、
産業編集センター松本貴子さんを始め、
香草好き、美味しいもの好きのスタッフのみなさまと
この本を作らせていただき
とても楽しく、美味しく撮影させていただき感謝しております。
そして、ハーブをご提供下さいましたおひさまリーフのみなさま、
ハーブガーデンを取材させて下さいました竹脇献さん、
本当にどうもありがとうございました。

ひとクセある味が大好きな方も、
いつもと違う使い方をしたい方も、
この本で
香草、ハーブの魅力がもっともっと広がり、
美味しさを共感していただけますととうれしく思います。

ワタナベマキ

料理研究家
ワタナベマキ

グラフィックデザイナーを経て料理研究家に。書籍、雑誌、広告などで旬の素材を生かした、野菜たっぷりの体にやさしい料理を提案。著書に『そうざいサラダ』『アジアのごはん』（ともに主婦と生活社）、『おいしい仕組み』（日本文芸社）などがある。

香草・ハーブレシピ

2017年11月15日　第1刷発行

著者	ワタナベマキ
デザイン	鳥沢智沙（sunshine bird graphic）
撮影	清水奈緒
スタイリング	田中美和子
取材・文	久保木薫
編集	松本貴子
発行	株式会社産業編集センター
	〒112-0011
	東京都文京区千石4丁目39番17号
	TEL 03-5395-6133
	FAX 03-5395-5320
印刷・製本	アベイズム株式会社
協力	お日様リーフ
	http://www.ohisamaleaf.com/
	TAKE bio-herbs.

© 2017 Maki Watanabe in Japan
ISBN978-4-86311-167-7 C0077

本書掲載の文章・写真を
無断で転記することを禁じます。
乱丁・落丁本は
お取り替えいたします。